AF496689

Anja Es

Makrele zwischen Hai und Hecht

Ein Liebesroman aus der Ostsee

© 2021 Anja Es
Umschlag, Illustration: Katja Milde
Weitere Mitwirkende: Ines Wiese
Verlag & Druck: tredition GmbH,
Halenreie 40-44, 22359 Hamburg

ISBN
Paperback   978-3-347-27393-1
Hardcover   978-3-347-27394-8
e-Book   978-3-347-27395-5

Inhaltsverzeichnis

Vorwort

In Schleswig-Holstein wird nicht viel geredet und hier, an der Küste, regt sich keiner so schnell auf. Was nicht heißt, dass wir kein aufregendes Leben hätten. Besonders das Liebesleben an der Waterkant hat´s in sich ... aber ich rede zu viel.

Richtig verschwiegen sind die, die nicht an, sondern in der Ostsee leben – dabei hätten die so Einiges zu erzählen, wenn Sie in Plauderlaune kämen. Neben *Sex and Drugs and Rock´n Roll* spielen sich unter Wasser nämlich auch echte Dramen, amouröse Verwicklungen und rosarote Lovestorys ab und weil ich schon immer mal einen ordentlichen Kitschroman schreiben wollte, gewähre ich den geselligen Rheinländern, kommunikativen Hessen und allen gesprächigen Nicht-Norddeutschen gern einen Einblick in das Liebesleben unterhalb des Meeresspiegels. Dabei sorgt eine Hamburger Deern mit ihren Illustrationen dafür, dass die geneigte Leserin und der romantische Leser weiß, mit wem sie es zu tun hat. Katja Milde hat unter Wasser recherchiert und aufs Vortrefflichste portraitiert.

Für Nele und alle ihre Freunde, die noch übrig sind

Makrele in Liebesnöte

Die Reise war weniger anstrengend als vermutet. Sie war trotz des dichten Schiffsverkehrs problemlos aus der Elbmündung gekommen und passierte nun den Nord-Ostsee-Kanal. Ein eintöniger Abschnitt ohne große Überraschungen. Allein die sechs Schleusen, die sie zu überwinden hatte, forderten ein gewisses Geschick und das Gespür für den richtigen Augenblick, aber das Durchschwimmen der 98 Kilometer bis in die Kieler Förde bedeutete für Nele keine Herausforderung. Sie war zwar kein Backfisch mehr, aber jung und fit genug, um solche Strecken in weniger als einer Woche zu bewältigen. Interessant für Nele war weniger die Reise selbst, die schließlich nur eine Geschäftsreise war, sondern viel mehr das Ziel.

Ausgerechnet in die Lübecker Bucht sollte ihr Auftrag sie führen und wäre ihr an diesem Tag schon bewusst gewesen, was sie dort erwartete, hätte sie den Job sicher ihrer jungen, hübschen Kollegin Lotte überlassen. Wie Nele als Makrele selbst, war auch Lotte als Sprotte in beiden Meeren zuhause und würde sich zurechtfinden. Allerdings hatte Nele den Eindruck, dass Lotte sich auffallend zurückhielt, als ihr Chef Kai bei einem Meeting den

Auftrag erteilte, einen Atelierbesuch bei dem Künstler Karl Krakel vor Travemünde abzustatten. Ziel sollte es sein, den Maler zu bewegen, einen Exklusivvertrag für die Galerie zu unterschreiben. Als Heringshai war Kai ein äußerst ehrgeiziger und erfolgreicher Galerist mit einem sicheren Gespür, welcher Künstler das Zeug zum Ruhm hatte und mit wem sich Geld verdienen ließ. In Karl Krakel sah er einen Maler mit Potential. Als Krake malte er in aufsehenerregenden *Art-Acts* mit allen acht Armen und seiner eigenen Tinte. Seine großformatigen Meeresbilder im Stil der *Jungen Wilden* waren bei Sammlern heiß begehrt und versprachen erstklassige Umsätze. Der Künstler war sich seiner Qualität allerdings mehr als bewusst und pflegte das Image eines existentialistischen Malerfürsten. Kai entschloss sich deshalb, ihn nicht selbst aufzusuchen, sondern eine seiner attraktiven Assistentinnen auf den Künstler anzusetzen.

Dass er dabei Lotte den Vorzug gegeben hätte, lag nicht daran, dass er sie für geeigneter hielt, den Künstler zu gewinnen, sondern die Gründe waren eindeutig privater Natur. Seit fast sechs Jahren verband ihn mit Nele mehr als eine berufliche Beziehung und wenn Lotte nicht in der Galerie war, brauchten die Beiden keinen Hehl aus ihren Gefühlen füreinander zu machen. Keine heimlichen Blicke, keine versteckten Gesten und nichts, das ungesagt bleiben musste, damit niemand ... nein, damit *seine Frau* nicht erfuhr, dass Nele seine Geliebte war.

Viel zu oft schon hatte Nele auf Klarheit gedrungen. Immer wieder bat sie Kai, eine Entscheidung zu treffen und vor fast einem Jahr hatte sie ihn schließlich vor die Wahl gestellt: Ein Leben mit ihr oder die Ehe mit Gunda, der Flunder. Sie konnte und wollte die Rolle der heimlichen Affäre nicht länger auf sich nehmen; ein Leben in zweiter Reihe, als Schatten-Makrele ohne Rechte und Aussicht auf die uneingeschränkte Liebe des Hais ihres Herzens.

Aber Kai hatte sich wieder einmal herausgewunden. Eine Scheidung von Gunda wäre das Ende für die Galerie. Gunda würde ihm die Haut von den Gräten ziehen und am Ende würde er alles verlieren: Die Luxusgrotte vor Sylt, die Ferienkorallenstöcke und vor allem seine ausgesuchte Kunstsammlung, die er in jahrzehntelanger Suche aufgebaut hatte und die im Wert enorm gestiegen war. Auch aufgrund von Gundas Expertise, denn sie verfügte über den eindeutig besseren Instinkt, wenn es um den Ankauf guter Kunst ging. Am Ende, so Kai, wäre er so verarmt, dass er Nele nicht das Leben bieten könnte, das eine so wunderbare Makrele wie sie verdient hätte. Auch sie könne doch nicht wollen, dass sie beide in eine so unsichere Zukunft schwimmen mussten.

So blieb alles beim Alten und Nele wusste nicht wohin mit ihrer Liebe zu Kai, die sie nicht abstellen konnte und die für sie gleichermaßen Qual und Erfüllung war. Sie ersehnte die Nächte, in denen Kai sie mit seiner Zärtlichkeit überflutete, seine raue Haut an ihren Schuppen rieb, sie mit seinem furchterregend gefährlichen Gebiss zur Hingabe zwang, bis sie vor Lust in immer kleiner werdende Kreise schwamm und ganz zappelig wurde. Und sie fürchtete die Nächte, in denen sie einsam darauf wartete, dass sie sich endlich wiedersahen. Besonders jetzt, zur Laichzeit im Februar, bat sie ihn inständig, mit ihr nach Irland zu kommen, wo alle Makrelen Hochzeit feierten. Als Heringshai gehörte Kai zur Unterart der Makrelenhaie und wäre sicher ein großartiger Vater geworden. Aber Jahr für Jahr versprach er ihr die Reise und Jahr für Jahr brach er sein Versprechen – jetzt bereits zum sechsten Mal.

Die Gedanken an die Aussichtslosigkeit ihrer Liebe hatten sich einmal mehr in ihr Herz gefressen, als Kai in dem Meeting davon sprach, den Künstler Karl Krakel mit einem

Exklusivvertrag an die Galerie zu binden. Von Frustration und Enttäuschung durchdrungen, erklärte sich Nele kurzentschlossen bereit, den Auftrag in der Lübecker Bucht zu übernehmen. Noch bevor Kai realisieren konnte, dass sein Plan, einige Tage mit Nele allein in der Galerie zu sein, nicht aufging, war Nele schon raus und auf dem Weg in die kleine Eigentumsgrotte, die Kai ihr gekauft hatte. Sie packte ein paar Sachen und war schon fast aus der Tür, als sie noch einmal zurück zur Korallengarderobe schwamm, um ihr grünes Paillettenkleid in die Reisemuschel zu legen – das wäre sicher hilfreich, um den Künstler für die Galerie an Land zu ziehen. Allein der Anblick des Kleides verlieh Nele ein Gefühl von Kraft und Lust auf diesen Business-Trip. Lotte hatte in der Besprechung ohnehin gezögert und es schien, als ließe sie ihr gern den Vortritt zu dieser Reise. „Umso besser", dachte Nele und war schon auf dem Weg zur Elbmündung.

Überraschend schnell spürte Nele, wie befreiend ein Gewässerwechsel sein kann. Die Kreise ihrer Gedanken wurden weiter, ihr Blick für das Schöne offener und ihr schlanker, glatter Körper fühlte sich nach langer Zeit wieder kraftvoll und frei an. Als in der Kieler Förde das erste Mal reines Ostseewasser durch ihre Kiemen floss, war ihr, als hätte sie statt gerade einmal hundert, mehr als tausend Kilometer überwunden und weit mehr hinter sich gelassen, als nur die Nordsee. Sie schmeckte das brackige Wasser, roch den speziellen Duft des baltischen Meeres und genoss den seichten Wellengang. Hier, in der Ostsee war sie zuhause. Bald schon würde sie in der Lübecker Bucht eintreffen, wo sie einst zusammen mit vielen ihrer 450.000 Geschwister ihre Jugendtage verbracht hatte, nachdem sie von den westlichen Küsten Irlands hier hergetrieben waren. Ein seltsames Gefühl der Freude breitete sich in ihr aus. Sie schwamm schneller.

Hin und wieder klingelte ihr Handy. Auf dem Display sah sie Kais Namen, aber sie ignorierte ihn. Obwohl offiziell eine Geschäftsreise, war dieser Trip für Nele vielmehr eine Reise weg von Kai! Und, wie sich herausstellen sollte, ein Weg zu sich selbst.

Nele schwamm unter der Fehmarn-Sund-Brücke hindurch und hielt hart rechts am Seebad Grömitz vorbei. Bereits am nächsten Tag passierte sie Scharbeutz auf direktem Weg nach Travemünde. Natürlich würde sie nicht an den Touristen-Strand mit seinen aufgehübschten Promenaden schwimmen, denn an dieser engen Stelle kreuzten gewöhnlich die Fähren zum Priwall. Viele dicke Pötte und luxeriöse Kreuzfahrtschiffe bahnten sich ihren

Weg zum Skandinavienkai und machten die Mündung zu einem gefährlichen Gefilde, selbst für eine Makrele mit Ortskenntnissen. Nein, Neles Ziel lag noch vor dem Ort, nämlich am Brodtener Ufer mit seiner Steilküste und dem wilden Strand. Hier war unreiner Grund mit großen Steinen, wie es in der Fischerei-sprache hieß, und das bedeutete Sicherheit für Nele. Hier war sie aufgewachsen und hier kannte sie sich aus. Krakel hatte sein Atelier nicht weit von hier sehr stylish im Wrack eines alten Kutters. Bevor sie ihn am nächsten Tag besuchte, galt es jedoch, ein geeignetes Über-tagungssplätzchen zu finden. Nele war näm-lich nachtaktiv, denn Makrelen führen ein weitaus interessanteres Nachtleben, als die meisten anderen Fische. Am Tage ließ sie sich einfach treiben oder zog sich in ihre Grotte zurück. Hier gab es allerdings wenig geeignete Gelegenheiten zum Ausruhen und Nele wurde langsam müde.

Albrecht, der Hornhecht

Ihr fiel das kleine Hotel gleich unterhalb des FKK-Strandes ein, das sie aus ihren Jugendtagen kannte. Es hieß *Hornhechts Hotel*, denn seit Generationen wurde es von der Familie Hornhecht betrieben und war schon damals die beste Unterkunft in der Lübecker Bucht. Sicher existierte es immer noch und mit Glück wäre noch eine geschützte Sandmulde für sie frei. Vielleicht würde Frau Hornhecht sie sogar wiedererkennen, denn als Backfisch hatte sie ihr Herz an den Junior der Hoteliers verloren – Albrecht, ihre große Jugendliebe. Sie war damals ganz verschossen in seine schnittige Form und sein schnabelartiges Maul hatte sie völlig verrückt gemacht. Ihren ersten Kuss bekam sie von ihm und er war es auch, der ihr seine ewige Liebe geschworen und ihr eine wunderschöne roséfarbene Perlenkette geschenkt hatte. Diese Kette gehörte zu ihren Lieblingsstücken und sogar jetzt trug sie den Schmuck in ihrer Reisemuschel bei sich. Es war allerdings nicht Frau Hornhecht, die sie an der Rezeption begrüßte. Hinter der algenbewachsenen Schiffsplanke lächelte ihr ein attraktiver, schnittiger, junger Hornhecht entgegen. Sein professionelles Lächeln erstarrte jedoch nach wenigen Sekunden, als er erkannte, wer da vor der Planke im Wasser schwebte.

Nele war erwachsen geworden. Ihre Züge aber hatten sich kaum verändert, die kindlichen Rundungen waren zu klassischer Schönheit geworden. Die Streifen an ihrer Oberseite waren konturierter und das silbrige Schimmern ihrer Unterseite hatte sich in edles Perlmutt gewandelt.

Albrecht war sprachlos. Seit Nele ihn damals unter Tränen verlassen hatte, um in der Nordsee ihr Glück in der schillernden Welt der Kunst zu suchen, fühlte er ein Vakuum in seiner Brust. Sie hatte ihn gebeten, mit ihr zu kommen, doch als klügster und geeignetster Sohn der Familie Hornhecht war sein Schicksal vorbestimmt. Er sollte die alte Hotel-Dynastie fortsetzen, den ehrenvollen Namen erhalten und dafür sorgen, dass weitere Nachkömmlinge des Schwarms den Namen Hornhecht in eine glanzvolle Zukunft führen. Für Nele, seine große Liebe, gab es keine Zukunft an seiner Seite. Als Makrele war sie für die Brut der Hornhechtschen Familie nicht angemessen. Sie kam zwar selbst aus gutem Hause, war überall beliebt, aber als Ehefrau und Mutter der nächsten Generation kam sie nicht infrage. Also war sie eines Tages davon geschwommen. Weit, weit weg von Albrecht, den sie zu vergessen suchte und mitten hinein in das schillernde Nachtleben vor Sylt, in die Welt von Künstlern, exotischen Einwanderern, die sich an den Kielen teurer Yachten haftend einschleusen ließen, umgeben von glamourösen Gestalten wie Seekatzen, Knurrhähnen und Seeteufeln.

Albrecht quälte sich oft mit der Vorstellung, welches Leben Nele nun führte, mit wem sie ihre Nächte verbrachte und wie umschwärmt sie ganz bestimmt war. Mit der Zeit jedoch erkannte er, dass diese Gedanken ihn zerstören würden und besann sich auf seine Aufgaben. Er nahm sich eine Hornhecht-Frau, die er zu lieben lernte und die ihm in den nächsten Jahren mehr als sechzigtausend Kinder schenkte – bis sie eines Tages inmitten der Seegraswiesen den Travemünder Fischern zum Opfer fiel und zur kulinarischen Attraktion auf dem Teller eines Sternerestaurants wurde. Seitdem führte Albrecht das Hotel allein und zwei seiner Töchter, die sich zu herzlichen Gastgeberinnen entwickelt hatten, unterstützten ihn nach Kräften. Und jetzt, gänzlich unerwartet und ohne die Möglichkeit, sich darauf vorzubereiten, sah er sich ihr gegenüber – ihr, Nele, der Liebe seines Lebens!

Auch Nele war perplex. Natürlich hätte sie sich denken können, in *Hornhecht´s Hotel* auf

Albrecht zu treffen, aber ihre Gedanken waren zurzeit einfach zu ungeordnet. Die Flucht aus ihrer verworrenen Beziehung zu Kai, die sie überflutenden Gefühle beim Durchschwimmen ihrer alten Heimat, ihr Auftrag – all das ließ sie impulsiv handeln und hatte sie in diese Situation gebracht. Sie fand ihre Fassung schnell wieder und lächelte Albrecht an. „Was für eine Überraschung – Albrecht!" sagte sie. Und es begann ein wunderschöner Morgen.

Den halben Tag redeten sie, lachten zusammen, erzählten sich wie es ihnen ergangen war, begleitet von dem Gefühl, als wäre die Zeit stillgestanden in all den Jahren, die sie ohne einander verbracht hatten. So vieles gab es zu sagen, nur eines verriet Nele ihm nicht: Dass der Galerist, der sie auf diese Reise geschickt hatte, ihr Liebhaber war. Sie fühlte sich mit Albrecht so leicht und entspannt, dass sie es schon selbst fast vergaß. Erst als sie sich endlich zum Schlafen in ihre Sandmulde begab und noch einen kurzen Blick auf ihr Handy warf, sah sie, dass Kai sechsmal versucht hatte, sie anzurufen. Mit einem Seufzen fiel sie in tiefen Schlaf.

Karl Krakel und die Kunst

Am späten Nachmittag machte Nele sich frisch, um Karl Krakel in seinem Atelier zu treffen. Das Ziel war, ihn zuerst für die Galerie zu interessieren und ihn wissen zu lassen, welch hohes Ansehen Kai in der Kunstszene und bei Sammlern genoss. Spät in der Nacht plante sie, ihn zum Essen in die angesagteste Location in der Ostsee einzuladen, in die *Seesternbar*. Dort wollte sie dann mit weiblichem Charme und großzügiger Bewirtung dafür sorgen, dass Karl Krakel seine Kunst fortan in die Dienste der Galerie HaiKai stellte, natürlich *exklusiv*. Im Gegenzug würde Kai mit seinem Namen, seinen Verbindungen und seiner Präsenz auf den wichtigsten internationalen Kunstplätzen dafür sorgen, dass Krakel sich bald zu den erfolgreichsten Künstlern zählen dürfe. Mit einem entsprechenden Verdienst, von dem Kai natürlich siebzig Prozent Provision einstrich. Aber solche Details zu vermitteln, war nicht ihre Aufgabe.

Als Nele an die Tür des Wracks klopfte, das Krakel mit seinen riesigen Malereien zu einem Gesamtkunstwerk gemacht hatte, saß dieser am Mast, der ihm mit dem Baum als Staffelei diente. Die Tür sei offen, murmelte er, während er mit fünf seiner acht Arme konzentriert über das Segeltuch wischte, seine Tinte verteilte, Linien zog und Farbfelder anlegte. Sicher zwanzig Minuten ließ er Nele in der Tür schweben, bevor er sich zu ihr umdrehte. Er war imposant. Ein großer Krake, bestimmt 35 Kilo schwer und ausgesprochen beweglich. Nele war beeindruckt und Krakel gefiel das. Nach dem abweisenden Auftakt ihrer Begegnung taute er zunehmend auf und genoss die Aufmerksamkeit der schlanken Makrele. Er zeigte ihr seine neuesten Arbeiten, führte ihr vor, wie er simultan an mehreren Bildern arbeitete und wie die von ihm erfundene Drucktechnik mit seinen Saugnäpfen zu überraschenden künstlerischen Effekten führte. Nele sparte nicht mit Komplimenten und streute derweil immer mal wieder ein paar imponierende Fakten über die Wichtigkeit der Galerie ein. Dass der Künstler sich wohl mit ihr fühlte, konnte sie leicht an dem zarten und langsamen Farbspiel auf seiner Haut ablesen. Gegen Mitternacht verließ sie das Atelier, um sich für die Bar umzuziehen und Phase II ihres Fischzuges einzuleiten: Die Verführung des Künstlers zu einer Zusage.

Nele sah atemberaubend aus. Das grüne Paillettenkleid schmiegte sich wie ein zweites Schuppenkleid an ihren biegsamen Körper, verdeckte alles, was Mann zu sehen ersehnt und zeigte genug, um mehr zu versprechen, als sie gewillt war zu geben. Dazu trug sie ihre Perlenkette und eine Perle in der Bauchflosse. Zur Feier des Tages gönnte sie sich ein paar Seepferdchen, die sie durch die Bucht bis zur Bar zogen, gab ihnen etwas Muschelgeld, das sie als Spesen von Kai zurückbekommen würde und schwamm direkt an den Tresen. Sie hatte einen Tisch reserviert und der Ober-Hering führte sie an einen gemütlichen Platz im hinteren Teil der Bar. Sie bestellte einen Caipiranha und stellte mit zunehmendem Unmut fest, dass Krakel sie warten ließ. Einem privaten Date hätte Nele vielleicht eine viertel Stunde eingeräumt, dann wäre sie gegangen. Hier aber war sie nicht in der Position, ihre Gekränktheit zu zeigen. Mit einer Verspätung von fast eineinhalb Stunden öffnete sich die Tür und Krakel erschien. Mit seinen Armen und Tentakeln wild gestikulierend zog er einen beachtlich kräftigen Wolfsbarsch hinter sich her. „Ah, da ist ja die Süße von HaiKai“ polterte er, offensichtlich schon angetrunken. „Darf ich vorstellen – das ist Wolfi, mein Assistent und Pinselhalter!“ Während er in wildestem Farbwechsel für blinkende Beleuchtung in der ganzen Bar sorgte, wurde Nele erst rot und dann blass. Dass weder Kleid noch Charme bei Karl Krakel irgendeine Wirkung hatten, war ihr nun klar und ihr Aufzug kam ihr mehr als unangemessen und peinlich vor. Die Nacht verlief entsprechend frustrierend. Krakel ließ sich volllaufen, betatschte Wolfi und den Kellner gleichzeitig und dachte nicht im Traum daran, über irgendwelche Konditionen mit der Galerie zu sprechen. Kurz vor Sonnenaufgang machte sie sich brüskiert, verärgert und enttäuscht auf den Weg ins Hotel.

Kurz bevor sie eintraf, klingelte einmal mehr das Handy. Nele ging ran und bereute sofort. Kai war außer sich. „Wieso reagierst du nicht? Ich versuche seit zwei Tagen, dich anzurufen! Stürmst ohne ein Wort aus der Galerie und lässt nichts mehr von dir hören!" Nele war müde. Sie hatte keine Kraft und keine Lust mehr auf einen Streit mit Kai und erklärte kurz, wo sie war und dass es mit Krakel nicht gut gelaufen sei. Kai tobte und warf ihr vor, nicht ausreichend recherchiert und die Sache gegen die Wand gefahren zu haben. Er befahl ihr barsch, auf der Stelle zurückzukommen. Dann unterbrach er die Verbindung ohne ein Wort des Abschieds. Nele war geschockt. So hatte sie Kai noch nie erlebt. Weder ihr gegenüber noch anderen vergriff er sich je im Ton oder zeigte derart unverhohlen seine Wut. Das hier war das erste Mal, dass er Nele so behandelte. Und es sollte das letzte Mal bleiben. Sie ließ ihr Handy aus der Flosse gleiten und sah zu, wie es langsam trudelnd tiefer und tiefer auf den Grund der Ostsee sank.

Im Hotel brannte nur noch das Nachtlicht. Die Rezeption war verwaist und alles war still. Nele wusste, sie konnte noch nicht schlafen und so schwamm sie in der Lobby in kleinen, langsamen Kreisen, um sich etwas zu beruhigen. Ihr Kleid glitzerte im Schein der kleinen Lampe und das ruhige Wasser strömte weich an ihrem Körper vorbei. „Du trägst die Perlenkette" flüsterte es aus der Dunkelheit. Nele erkannte Albrechts sanfte Stimme. „Was machst du hier, um die Zeit?" flüsterte sie überrascht. „Ich warte auf dich", sagte Albrecht und schwamm auf sie zu. „Du siehst nicht aus, als hättest du Erfolg gehabt." Nele spürte die Wärme in seinen Worten und begann zu weinen. Die Enttäuschungen, die Verletzungen und die zerstörten Hoffnungen der letzten Jahre ... alles brach aus ihr heraus. Ihre Tränen vermischten sich mit dem Ostseewasser und machten es eine Spur salziger. Gleichzeitig fühlte sie sich seit Langem wieder wie sie selbst. Sie musste nichts darstellen, das sie nicht war, sich nicht bemühen zu gefallen, nicht stark sein und auch nicht cool. Sie war Nele, sie war verletzt, ratlos und ausgehungert nach Liebe. Nach echter Liebe, die ihr zufloss und um die man nicht kämpfen musste. Liebe, die sich im Übermaß über sie ergoss und die nicht nach Terminkalender zugeteilt wurde. Liebe, die gegeben und angenommen wurde. Albrecht strich zart mit seinen Flösseln über ihr Gesicht und zog sie sacht an seinen schlanken Körper.

Nele spürte, wie die Anspannung von ihr abfiel und mit einem langen Kuss gab sie ihrem Herzen nach.

Kai, der Hai

Kai schwamm ruhelos zwischen seinen Kunstwerken herum. Die Galerie war geräumig und neben Bildern präsentierte er seinen Kunden auch Skulpturen und Objekte. Sich mit guter Kunst zu umgeben, gab ihm immer einen gewissen Halt und verbesserte seine Laune verlässlich. Besonders der Gedanke an den Wertzuwachs bestimmter Arbeiten beruhigte ihn in jeder Situation. Heute aber versagte die Kunst ihren Dienst. Nervös und fahrig versuchte er, sich mit Buchhaltung abzulenken, aber Lotte kam sofort herbeigeeilt, um das für ihn zu übernehmen. Er solle sich lieber auf die nächste Vernissage vorbereiten, außerdem sei es gleich Mittagszeit und sie habe einen Tisch bei *Frosch* bestellt, dem Edel-Imbiss vor dem Kliff. Eigentlich eine gute Idee, dachte Kai, der jede Gelegenheit nutzte, um auf sich und sein Geschäft aufmerksam zu machen. Dazu gehörte es auch, sich in Begleitung einer hübschen, jungen Sprotte bei *Frosch* sehen zu lassen. Zu Mittag Champagner zu trinken und sich einen Hummer zu teilen, signalisierte allen, wie erfolgreich er als Galerist war und machte ihn für Sammler interessant. Heute aber verspürte er überhaupt keine Lust, sein Image zu pflegen. „Sag das ab, ich muss weg“, sagte er zu Lotte, die ihn mit ihren großen, blauen Augen ansah und nichts verstand. Kai aber wusste in diesem Moment nur allzu genau, was er tat: Das einzig Richtige, das einzig Wichtige.

Viel zu lange hatte er Nele hingehalten und was beinahe noch schlimmer war: Sechs lange Jahre hatte er Gunda belogen. Gunda, die ihm immer zur Seite stand, die ihm jeden Weg ebnete und alle Hindernisse beiseite räumte. Gunda war es gewesen, die sein Interesse für Kunst geweckt hatte und auf deren Wissen und Erfahrung er immer wieder zurückgreifen konnte, wenn es um geschäftliche Entscheidungen ging. Ihr Vermögen war der Grundstein für sein Geschäftsleben und sie bürgte für ihn wann und wo immer es sein musste. Unglaublich, dass er es ihm gelungen war, diese kluge Frau immer wieder zu hintergehen. Heute, jetzt gleich, würde er ihr den Respekt zollen, den sie verdiente und ihr die Wahrheit sagen. Er war ihr dankbar und bewunderte sie – aber er liebte eine andere.

Zu seinem Erstaunen war Gunda keineswegs überrascht und sie machte ihm auch keine Szene. Mit einem Lächeln holte sie eine fischhautgebundene Unterlagenmappe hervor und präsentierte ihm den Scheidungsvertrag. Wie Kai erfuhr, hatte sie das Papier schon vor einigen Jahren mit Hilfe ihres Anwalts Dr. Dr. Knurrhahn vorbereitet und legte es Kai nun schweigend zur Unterschrift vor. Es war die erste von zwei Varianten und die Version, die Kai genügend finanzielle Mittel ließ, um weiterhin seinen Lebensstandard und seine Galerie zu halten. Die Zweite war für den Sommer vorgesehen, für den Fall, dass er ihr auch bis dahin nicht die Wahrheit über sich und Nele gesagt hätte. Die Wahrheit, die Gunda längst kannte. Dieser Vertrag hätte seinen Ruin bedeutet. Einmal mehr wurde sich Kai der Größe und auch Freizügigkeit seiner Frau bewusst; er unterschrieb, küsste sie zum Abschied und machte sich auf den Weg.

Zwischen Hai und Hecht

Nele genoss die Nächte und Tage mit Albrecht in vollen Zügen. Seit sein Kuss ihr bewiesen hatte, dass es echte Liebe für sie gab, fühlte sie sich wie befreit. Die Last eines langen Kampfes war von ihr abgefallen und mit der Leichtigkeit eines Jungfisches folgte sie Albrecht durch die milden Ostseewellen. In langen Ausflügen durch die Lübecker Bucht zeigte er ihr ein paar romantische Plätzchen und hatte hin und wieder kleine Überraschungen für sie geplant. Einmal fand Nele hinter einem großen Stein ein kleines Arrangement aus Muschelschalen, Rotalgen und Kiesel, ein anderes Mal entführte er sie zum Priwall in das herrlich klare Wasser vor den flachen Stränden. Er schenkte ihr Donnerkeile und Hühnergötter, mit denen sie ihre Sandmulde in *Hornhecht´s Hotel* ausschmückte und nahm sie mit zur Mole, wo sich am späten Abend die Lichter von Travemünde spiegelten. „Gib mir noch etwas Zeit", sagte Nele, als Albrecht sie bat, für immer zu bleiben.

Die Tage und Nächte flogen dahin. Wie ein kitschiger Traum kam es Nele vor und der Gedanke, ein Leben an Albrechts Seite zu führen, fühlte sich mit jedem Kuss vertrauter an.

Aber war sie wirklich die richtige Makrele für ihn? Nele war ein freies und unkonventionelles Leben gewöhnt. Sie hatte es immer genossen, mit Künstlern und Intellektuellen zusammen zu sein, sich extravagant zu kleiden und hin und wieder eine Algenzigarette zu rauchen. Sie liebte interessante Gespräche, hatte einen großen Freundeskreis und ihre beste Freundin war früher ein Mann. Hier in der Lübecker Bucht würde sie mit Albrecht *Hornhecht´s Hotel* führen und sich keinerlei exotische Extravaganzen erlauben können. Es würde erwartet werden, dass sie in den Fischfrauenclub eintrat und für die jährliche Tombola Sandkuchen buk. Vermutlich würde man sich in der Bucht das Fischmaul zerreißen, wenn sie hier nichts zu Themen wie Kinder, Küche, Kirche beizutragen hätte und stattdessen lieber Quallen jagte. Nele schob die Gedanken beiseite und beschloss, vorerst die Tage und vor allem die Nächte mit Albrecht zu genießen. Ihr gefiel seine gegabelte Schwanzflosse und das, was er mit seinen fünf Flösseln anstellen konnte, die direkt hinter der zweiten Rückenflosse saßen.

Am sechsten Abend bat Albrecht sie, für ihn ihr grünes Paillettenkleid zu tragen. Als Nele sich fragte, was wohl der Anlass für diesen Wunsch sein könnte, fiel ihr ein, dass Albrecht am 31. März Geburtstag hatte. Sie konnte sich genau daran erinnern, weil es auch ein 31. März war, als sie damals von hier weggeschwommen war, um in der Nordsee ihr Glück zu suchen. „Ein *schönes* Geburtstagsgeschenk“, hatte Albrecht damals gesagt und war traurig in der nachtschwarzen See verschwunden. Dieses Mal sollte es anders sein. Gern erfüllte sie ihm seinen Wunsch und was auch immer er sich für diese Nacht noch wünschte – sie war gewillt, es ihm zu geben

Als Nele in ihrem glitzernden Kleid in die Lobby kam, wartete Albrecht bereits auf sie. Ihr gefiel, wie er sie anlächelte und dabei seine kleinen, spitzen Zähne entblößte, mit denen er sie so zärtlich hinter die Kiemen beißen konnte. Er bot ihr eine Flosse und führte sie in den Speisesaal seines Hotels, das zu dieser Zeit - vor der Saison - nur wenige Gäste beherbergte. Der Saal war leer, nur ein eifriger Hering, der sich als Kellner verdingte, schwamm dienstbeflissen um einen romantisch eingedeckten Tisch. Albrecht hatte es geschafft, einen Laternenfisch aus den Tiefen des Meeres an die Küste zu locken, der das Restaurant in schummeriges Licht tauchte. Überall lagen kleine Seesterne und der Tisch war mit edlen Rotalgen dekoriert. „Sag nichts“, befahl ihr Albrecht, gab dem Hering einen Wink und ließ den Meerschaumwein einschenken. „Heute ist ein besonderer Tag und ich denke, das weißt du", setzte er fort, und Nele nickte. Ihr Herz schlug ihr bis an die Kiemen, denn noch während Albrecht weitersprach, holte er eine geschlossene Herzmuschel hervor. Diese Art beherbergte nicht selten eine Perle, die als Geschenk überreicht, ein Symbol für eine lebenslange Verbindung darstellt. Albrecht bemerkte, dass Nele ahnte, wohin das Gespräch führen sollte und zog die Herzmuschel zurück. „Du weißt, was sie in sich trägt", sagte er „und du weißt, was ich in meinem Herzen trage. Aber ich möchte nicht, dass du sie heute hier öffnest. Ich kenne deine Bedenken und bin mir im Klaren darüber, dass du eine freie Makrele bist. Deswegen will ich dich nicht drängen. Aber im Februar, wenn Laichzeit ist, werde ich sie mit nach Irland nehmen und dort kannst du sie öffnen. Wenn du willst."

„Hallo?! – Keiner da?" schall es aus der Lobby und Albrecht fuhr hoch. Ein Gast um diese Zeit ... ausgerechnet jetzt! „Nele, ich brauche eine Antwort, wirst du es dir überlegen? Hat unsere Liebe eine Chance? Bitte ..." Nele blickte ihn panisch an. „Um Himmels willen", stammelte sie und Albrecht verstand nicht. Er verstand nicht, was Nele gerade realisiert hatte: Kai war da. Sie hatte seine Stimme sofort erkannt.

Da sich offenbar niemand zu ihm an die Rezeption bequemte, um ihn in Empfang zu nehmen, machte Kai sich auf die Suche nach dem Personal. Er hatte das beste Hotel am Platz gewählt, um am nächsten Tag seine Suche nach Nele hier vor Ort zu beginnen. Die Tür war offen, also musste auch irgendwo ein Rezeptionist stecken. „Niemand nachtaktiv, hier in der Ostsee?“ scherzte er, während er in den Speisesaal glitt. Albrecht riss sich von Nele los und schwamm auf den stattlichen Heringshai zu. „Doch, natürlich, der Herr, ich hatte Sie nur nicht ...“ Albrecht kam nicht dazu, seinen Satz zu beenden, denn Kai schob ihn mit der linken Flosse zur Seite und sah ungläubig zu Nele herüber. „Kai ...“ flüsterte sie. Schnell gewann Kai seine Fassung zurück. „Hübsches Kleid“, zischte er, sah sich um, kickte mit der Schwanzflosse den Laternenfisch aus und sagte: „So ist es doch gleich noch ein bisschen romantischer ... im Dunkeln ist gut munkeln. Dann will ich auch nicht länger stören.“ Mit einem kräftigen Schlag seiner Flosse war er aus dem Speisesaal und verschwand in der nächtlichen See.

Albrecht sah ihm nach und Nele konnte die Sekunden zählen, die er brauchte, um zu begreifen, was gerade geschehen war. Als er sich zu ihr umdrehte, sah sie, wie verletzt er war. „Ja", sagte er ruhig. „dann lasse ich dich jetzt mal allein. Du kennst dich ja aus."

Nach einem schlaflosen Tag voller wirrer Gedanken machte sich Nele am frühen Abend auf die Suche nach Albrecht. Im Hotel war er nicht zu finden und niemand hatte ihn gesehen. Sie begann, alle Orte aufzusuchen, die Albrecht ihr gezeigt hatte, schwamm überall hin, wo sie romantische Stunden verbracht hatten und durchkreuzte die Bucht in alle Richtungen. In der zweiten Nachthälfte war sie bis zum Stülper Huk gegenüber der Pötenitzer Wiek gekommen und ließ sich bei kräftigem Nordostwind ratlos und erschöpft in den Unterlauf der Trave treiben. „Ich würde mich nicht immer nur treiben lassen", hörte sie eine dunkle Stimme. „sonst landet die feine Makrele alsbald im Süßwasser und das dürfte ihr schlecht bekommen!" Kai kam mit bitterem Lächeln hinter eine Boje hervor. „Kai! Was machst du hier?" rief Nele und Kai erzählte es ihr. Er berichtete, dass ihm in dem Augenblick, als Nele ohne ein Wort aufgebrochen war, klar geworden war, wie sehr er sie brauchte, dass er erkannt hatte, dass er eine Makrele wie sie nicht um ihr Leben betrügen dürfe und dass Gunda ein Recht auf die Wahrheit hatte. Lieber wolle er ohne Geld und dafür mit Nele leben und mit ihr nach Irland schwimmen – im Februar, im März oder wann immer es ihr gefiele. Er berichtete von der Großzügigkeit seiner Frau und dass seiner Liebe zu Nele jetzt nichts mehr im Wege stünde.

Wie lange hatte sich Nele nach diesen Worten gesehnt. Nichts hatte sie sich mehr gewünscht, als dieses uneingeschränkte Bekenntnis zu ihrer Liebe. Doch sein letzter, nun folgender Satz beschrieb mit unmissverständlicher Härte, dass seine Worte keine Bedeutung mehr hatten: „Aber wie ich sehe, komme ich zu spät." Nele schwieg. Widerstreitende Gefühle machten aus ihrem Denken ein unentwirrbares Chaos, das es ihr unmöglich machte, zu reagieren. Wie in Trance schwebte sie vor Kai in der See und kämpfte um einen klaren Gedanken. Die Sekunden vergingen. Irgendwann drehte Kai sich um. Sein Weg führte heraus aus der Bucht in Richtung Kieler Förde und von da aus durch den Kanal in die Nordsee.

Nele schwimmt

Nele blieb wo sie war und als es Tag wurde, fiel sie in einen traumlosen Schlaf, aus dem sie erst spät am Abend wieder erwachte. Der Wind hatte gedreht und die Strömung sie in Richtung Brodtener Ufer getrieben, schon fast in die Nähe von *Hornhecht´s Hotel*. Nele sehnte sich danach, sich zurückzuziehen und legte die letzten Kilometer zielstrebig zurück. Wenn sie nur nicht Albrecht begegnen würde, der jetzt, mit einigem Abstand, sicher auf ein Gespräch drängen würde. Was aber sollte sie ihm sagen? Dass er Kai keine Bedeutung beimessen sollte, denn auch für sie habe er keine? Das war eine Lüge und Albrecht hatte es nicht verdient, belogen zu werden. Oder sollte sie Albrecht erklären, dass ihre Gefühle für ihn nur ein vorübergehendes Phänomen waren, weil sie sich in einer Krise befunden hätte, die nun überwunden war? Und dann? Sollte sie zu Kai zurückkehren, Albrecht vergessen und darauf hoffen, dass es ihr nicht irgendwann ebenso erging wie Gunda? Kai war und blieb ein Heringshai und Monogamie lag nicht in seinen Genen. Er war ausgesprochen attraktiv und so manche Seekatze machte ihm schöne Augen. Würde er wirklich mit ihr nach Irland reisen und Hochzeit feiern? Nele wusste es nicht. Albrechts Versprechen hingegen konnte sie Vertrauen schenken. Alles was er sagte und tat, war von großer Aufrichtigkeit und sie war sich sicher, dass sie mit Albrecht alt werden konnte. Aber es blieb die Frage, ob sie das wollte. Würde nicht schon bald der Alltag über sie kommen? War sie die richtige Besetzung für die Hauptrolle in Albrechts Heimatfilm? Letztendlich, kam Nele zum Schluss, sei das alles doch eine Frage des eigenen Lebensentwurfes. Es ging nicht darum, ob sie Albrecht glücklich machen konnte oder Kai für seine überfällige Entscheidungskraft belohnte. Es ging um sie, Nele, die überhaupt keine Idee davon hatte, wie sie eigentlich leben wollte.

Nele hinterließ einen Brief an der Rezeption, bevor sie sich auf die Heimreise machte. Er war mit Sepia geschrieben und enthielt die Antwort, die Albrecht am Abend zuvor so dringend erwartet hatte. Wenn er ihn lesen würde, wäre Nele sicher bereits hinter Kiel und da sie kein Handy mehr besaß, konnte sie sich während der gesamten Strecke mit ihren eigenen Gedanken beschäftigen – und nur mit ihren. Zuhause, in ihrer kleinen Gruft vor Sylt, würde sie zur Ruhe kommen und ihrem Leben eine neue Richtung geben. Kai hatte ganz Recht, dachte sie. Man darf sich nicht einfach treiben lassen. Man muss selbst schwimmen und man sollte wissen, wohin. Wer sich treiben lässt, geht am Ende den Bach runter.

Die Rückreise dauerte länger als die Anreise, was daran lag, dass Nele sich Zeit ließ. Sie brauchte die Langsamkeit des Schwimmens, um nachzudenken, sich zu sammeln und zu sich selbst zu finden.

Aber zu Hause angekommen fühlte sie eine Ruhe in sich, die ihr Kraft gab. Sie schlief tief und traumlos, verbrachte die Nacht mit dem Ordnen ihrer wenigen Besitztümer und machte sich in der zweiten Nacht auf den Weg in die Galerie. Zu ihrer Überraschung war sie geschlossen. Das war ganz und gar untypisch für Kai, dessen Geschäftssinn es niemals zuließ, einen potentiellen Kunden vor verschlossener Tür stehen zu lassen. Nele wurde mulmig zumute. Was hatte das zu bedeuten? Wäre er krank, hätte zumindest Lotte den Laden weiter offen gehalten – es musste etwas Drastisches passiert sein. Sie überfiel der entsetzliche Gedanke, dass Kai sich etwas angetan haben könnte. Schuldgefühle stürzten sich auf ihr Gewissen wie ein Schwarm Piranhas und Nele schlug sich die Flossen vor das Gesicht. Alles hatte Kai für ein Leben mit ihr riskiert und war sich sicher, dass auch Nele Liebe für ihn empfand – und dann erlebte er, dass sie, Nele, sich bei der kleinsten Streiterei einen anderen suchte! Wie sehr musste ihn das getroffen haben! Und steckte nicht hinter seiner männlich-protzigen Art ein empfindsamer, sensibler Hai? Alle Energie war aus Nele gewichen und sie hing kraftlos im Wasser.

Ein helles Lachen drang aus der Ferne in ihr Ohr. Nele schaute auf und entdeckte hinter der Seegraswiese zwei Gestalten, die in schwungvollen Kurven auf die Galerie zuschwammen. Als sie näher kamen, erkannte sie die Beiden. Lotte in der Flosse von Kai, der sie fest an sich gedrückt hielt und seine weißen Zähne bis in die Mundwinkel blitzen ließ. Wie es aussah, kamen sie von *Frosch* und hatten sich ein paar anregende *Sex on the beach* - Cocktails hinter die Kiemen gegossen. Nele drückte sich auf die Lee-Seite der Galerie und verbarg sich hinter der großen Braunalge. Kai und Lotte allerdings hatten ohnehin nur Augen füreinander und an der Tür presste Kai Lotte an die Steine und ließ sie fühlen, wie sehr er sie begehrte. Ein ganz kleiner Stich ging durch ihr Herz, aber als sie sich schließlich abwendete und hinter der Galerie das Weite suchte, überkam Nele so etwas wie Erleichterung. Ihr Herz war wie befreit und alle Energie war plötzlich wieder zurück. Sie hatte das Richtige getan.

Rolling Home

Bereits zwei Wochen, nachdem die Maklerin die kleine, aber feine Grotte in bester Lage vor Sylt angeboten hatte, war sie schon verkauft und Nele staunte, wie viel Perlmutt-Scherben das Schellfisch-Paar dafür auf die Planke zu legen bereit war. Im Stillen dankte sie Kai, der ihr die Wohnung geschenkt hatte, weil er ein Liebesnest für sie beide brauchte, von dem Gunda nichts wusste. Jetzt würde das Geld einen anderen Nutzen haben und Nele lächelte bei dem Gedanken. Mit einem Gefühl von Freiheit und Freude wickelte sie ihr Hab und Gut in die Reste eines alten Fischernetzes und ließ es von *Seahorse-Logistics* abholen, bevor sie sich selbst auf die Reise machte.

Sie wusste nicht, ob es an ihrer energievollen Ausstrahlung lag oder ob ein Engel seine Finger im Spiel hatte – in der Lübecker Bucht lief es für Nele wirklich gut. Gleich nach ihrer Ankunft erfuhr sie von einer frei werdenden Grotte in sehr guter Lage vor Travemünde, hatte nach kurzer Recherche den Eigentümer ausfindig gemacht und ihn dazu überredet, die Räumlichkeiten an sie zu verkaufen. Vermutlich gefiel ihm die Idee, dass schon bald eine Galerie zum künstlerischen Aushängeschild des Ortes werden könnte, denn er war selbst Sammler. Nele mochte diese Idee ebenfalls. Sie schwirrte bereits grob in ihrem Kopf, als sie auf dem Weg zurück in die Nordsee war und hatte sich seitdem mit jeder Stunde konkretisiert. Jetzt ging es darum, ihrem Traum Leben einzuhauchen. Sie durchschwamm ihre großzügige und lichtdurchflutete Grotte und stellte sich vor, wie die Kunst in ihr wirken mochte. Durch die jahrelange Arbeit für Kai hatte sie erstklassige Kontakte, kannte gute und interessante Künstlerinnen und Künstler, wusste, auf welchen Messen man dabei sein musste und hatte – und das war ebenso wichtig wie ein gutes Netzwerk – einen tadellosen Ruf in der Szene. Von Kai hatte sie gelernt, Kunst von Nicht-Kunst zu unterscheiden und einzuschätzen, welche Art von Kunst sich verkaufen ließ, in welchen Künstler man investieren sollte und welche wertstabil waren. Ähnlich einer Investmenthändlerin konnte sie Kunden in Sachen Kunst beraten. Das alles waren Fähigkeiten, die sie als Galeristin brauchte, um weit weg von einer Großstadt finanziell überleben zu können. Für sie selbst aber stand der Kunsthandel nicht so sehr im Fokus. Neles Beziehung zur Kunst war von Leidenschaft geprägt. Sie liebte es, in Bildern zu versinken, sich von ihnen kitzeln oder quälen zu lassen. Sie genoss die Herausforderung, die guten

Bildern oder Skulpturen immanent ist und dem Geist von Kunst nachzuspüren, war ihr eine Lust. Dasselbe galt für ihren Umgang mit den Künstlerinnen und Künstlern, mit denen Nele sich gern befasste, um deren Arbeiten besser zu verstehen und ihren Kunden näherbringen zu können. Die Künstler wiederum schätzten ihr echtes Interesse und so war es Nele immer wieder gelungen, auch Maler und Bildhauer mit großen Namen in Kais Galerie zu locken. „Deswegen war ich auch so sicher", Karl Krakel an Land zu ziehen, dachte Nele und bei der Erinnerung an ihren in jeder Hinsicht misslungenen Abend schüttelte sie sich. Aber dennoch: Krakel war ein guter Künstler und die Arbeiten eines heimischen Malers wären ein guter Auftakt, um sich hier bekannt zu machen.

Nele strich sich nervös die Schuppen glatt. Bei Stress hatten sie die Tendenz, sich aufzustellen und gerade jetzt ließen sie sich kaum legen. Dabei, sagte sich Nele, gab es keinen Grund, jetzt noch gestresst zu sein. Alles war fertig. In den voran gegangenen Wochen hatte sie all ihre Kraft, Kreativität und Fleiß in die Galerie gesteckt. Mit Liebe zum Detail und einem guten Gespür für Stil und Design hatte sie die Grotte zu einem kunstvollen Ort mit viel Raum für Entdeckungen gemacht. Sie hatte

Flyer drucken lassen, die Homepage gestaltet und das Galerie-Logo entworfen. Die Presse war eingeladen, die Gästeliste geschrieben und sie hatte mit Merle, der schillernden Meeräsche, eine wunderbare Assistentin gefunden, die mit sicherem Gespür und einem ausgeprägten Sinn für Perfektion alles tat, damit die Sache rund lief. Nele hatte allen Grund zur Freude. Unter den Gästen, die zugesagt hatten, waren viele ihrer Freunde aus der Nordsee; darunter einige ziemlich bizarre Typen, die Nele sehr in ihr Herz geschlossen hatte, weil sie dem Leben so viel Farbe gaben. Meer-TV hatte sich angesagt und wollte einen Bericht über die neue Galerie und ihren Künstler Karl Krakel senden. Das würde nicht nur Krakel, sondern auch Nele weit über die Lübecker Bucht hinaus bekannt machen. Die Jungs vom Passat-Chor waren bereits eingetroffen und damit beschäftigt, die Bühne aufzubauen. Die alten Seeteufel, Knurrhähne und Dorsche waren bei allerbester Laune, einer blies schon mal ins Muschelhorn und probeweise wurden die ersten Seemannslieder angestimmt. Nele gefiel das. Moderne Kunst und maritime Tradition trafen hier aufeinander wie die Nord- und die Ostsee vor Skagen in Dänemarks hohem Norden.

Sie nahm sich ein Champagner-Glas vom Tablett und ging zum Fenster. Wo blieb er nur?

Krakel kam im allerletzten Moment. Natürlich. Die Gäste hatten bereits ihr erstes Glas geleert, der Shanty-Chor hatte für eine, für norddeutsche Verhältnisse geradezu ausgelassene Stimmung gesorgt, und Nele stieg zu ihnen auf die Bühne, um die Laudatio zu halten. Krakel fläzte sich breitflossig in einen Sessel vor der Bühne.

Die Grotte war zum Bersten voll. Nele hatte das Gefühl, die halbe Lübecker Bucht wollte bei diesem Event dabei sein. Sie begrüßte alle noch einmal herzlich und sprach dann über die Liebe zu ihrer alten Heimat und der Freude, wieder zurück zu sein, über ihre Leidenschaft für Kunst, ihre Bedeutung für die Gesellschaft im Allgemeinen und über die Kunst von Karl Krakel im Besonderen. Schwungvoll ließ sie ihre Worte wie Steine über das Wasser hüpfen und als sie mit ihrer Ansprache fast am Ende war, entdeckte sie ganz hinten im Publikum ihren wichtigsten Gast. Endlich!

Nach dem Beifall und den zahllosen Glückwünschen ihrer Besucher, nach nicht enden wollendem Smalltalk mit Fans und Freunden, nach dem unfassbar viele Fotos geschossen und einige Interviews gegeben waren, schaffte es Nele, sich zu ihm durchzuarbeiten. „Ich konnte nicht raus, es kam noch ein ganzer Schwarm Heringe, die mussten noch einchecken", versuchte er sich zu erklären, aber Nele beendete das schnell mit einem Kuss. Albrecht lächelte und reichte ihr eine Edel-Rotalge. „Für dich, du schönste Makrele der ganzen Ostsee – ich liebe dich", sagte er und reichte ihr seine Flosse. „Ich liebe dich auch, Albrecht", sagte Nele während sie Flösschen haltend durch die Galerie schwammen. Und das war wahr. Sie liebte ihn und war unfassbar glücklich, an seiner Seite zu sein. Er war ein wunderbarer Hornhecht mit einer Haltung, die sie nur bewundern konnte. Kein Fisch, der sie nur besitzen wollte, um sich mit ihr zu schmücken, sondern einer, der ihr alle Freiheiten zugestehen konnte, ohne sich klein zu fühlen. Einer, der keine Angst davor hatte, eine schillernde Makrele an seiner Seite zu haben, die ihn mit ihrem Glamour überstrahlte. Einer, der wusste, dass er selber auch seinen Wert hatte und niemals fürchten musste, von Nele verlassen zu werden. Er vertraute ihr und wusste, dass diese Liebe, die so viele Hindernisse hatte überwinden und auf die er so lange hatte warten müssen, für alle Zeiten Bestand haben würde.

Der Passat-Chor stimmte sein *Rolling Home* an und Nele, Albrecht und die Gäste, die bereits in fortgeschrittener Feierstimmung waren, stimmten mit ein. „Glückwunsch" brüllte eine bekannte Stimme dazwischen und Nele wirbelte herum. Es war Kai, der es sich nicht nehmen ließ, dem Ereignis in Begleitung von Lotte beizuwohnen. „Oh, wie toll", rief Nele ihnen zu, seid ihr extra von Sylt hier rüber gekommen?" „Ja", brüllte Kai gegen die Musik und die singenden Leute an, „aber wir müssen gleich wieder los, wir haben noch was vor. Aber wir sind im Februar sowieso geschäftlich hier, dann kommen wir euch besuchen." Albrecht beugte sich zu Kai und sagte: „Im Februar? – Geht leider nicht, da haben wir bereits einen außerordentlich wichtigen Termin in Irland!"

Anja Es

Lebt als Freie Künstlerin, Autorin und Galeris-tin in Travemünde. Zahl-
reiche Einzel- und Grup-
penausstellungen, Kolum-
nistin und Autorin für das
Kunstmagazin STAYIN-
ART, Performances.

„Ich bin Viele. Und immer ich selbst."

Katja Milde

Malerei und Illustration „zu Wasser und in derLuft" sind ihr künstleri-
scher Schwerpunkt– fre-
che, humorvolle und far-
benfrohe Vögel, Meeres-
tiere und andere Kreatu-
ren ihre liebsten Sujets.
Ausstellungen und Kunst-
events deutschlandweit.

„The earth without art is just eh"

Dieses Buch wäre ohne die Unterstützung von Ines Wiese für alle Zeiten ein Manuskript geblieben.

Vielen Dank für deine Beharrlichkeit, das Bestehen auf Details und deine Fachkenntnis. Das größte Geschenk war aber deine Begeisterung, mit der du dieses Projekt begleitet hast.